AF224353

CONSEIL DE RÉVISION DE PARIS

NOTE

POUR

M. Émile MIÉGEVILLE

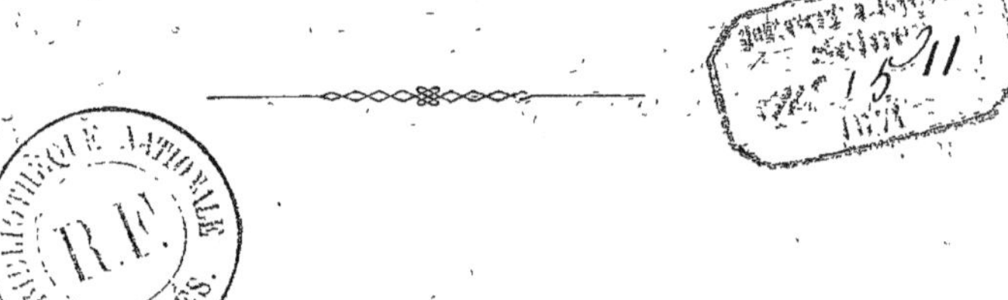

Violation de l'art. 99 du Codé militaire.

L'art. 99 du Code de justice militaire porte : « La poursuite des crimes ou
« délits ne peut avoir lieu à peine de nullité que sur un ordre d'informer donné
« par le général commandant la division, soit d'office, soit d'après les rapports,
« actes ou procès-verbaux dressés conformément aux articles précédents. »

Cette prescription est capitale dans l'économie du Code militaire. Elle donne
au général le pouvoir d'ordonner ou de ne pas ordonner l'instruction ;
c'est-à-dire qu'elle lui confère un pouvoir personnel d'appréciation qui réclame
de sa part le plus sérieux examen et la plus grande sollicitude, et qui ne peut
être délégué ou abandonné par lui à ses subordonnés.

Le législateur a voulu ainsi donner de sérieuses garanties à de graves
intérêts, l'honneur et la liberté des justiciables de conseils de guerre ; il a voulu
que des poursuites toujours déshonorantes, même lorsqu'elles ne sont pas

suivies de condamnation, et qui doivent entraîner à leur suite la prison préventive et souvent la ruine, ne puissent être engagées qu'après un contrôle approfondi d'un juge, dans l'impartialité et la sagesse duquel il a placé sa confiance.

Il est possible dès maintenant de poser les principes de droit qui ne sont que les déductions logiques et légales des prescriptions de l'art. 99 précité :

1° Le général ne doit donner l'ordre d'informer que sur la connaissance certaine qu'un délit a été commis ; il doit apprécier la valeur des documents qui lui sont remis, rechercher la gravité des indices et si le fait constitue un délit ;

2° L'ordre d'informer doit préciser un crime ou un délit à la charge du prévenu contre lequel il est décerné, condition dont l'omission frappe de nullité cet acte pour défaut de motifs ;

3° Si le rapporteur, saisi régulièrement aux termes de l'art. 99 de l'instruction découvre, au cours de l'information, de nouveaux faits à la charge du prévenu, il doit nécessairement demander un ordre d'informer contre le prévenu déjà poursuivi ; il ne saurait, sans violer la loi, exercer, de sa propre autorité, des poursuites, en raison de ce nouveau fait, sous peine de nullité de ces poursuites.

§

Ces principes ont-ils été appliqués aux poursuites dirigées contre Miégeville ?

L'ordre d'informer, décerné le 28 mai 1872, contre lui par le général commandant la division, est ainsi conçu : « Attendu qu'il résulte des pièces « ci-jointes, que le nommé Miégeville aurait pris part à l'insurrection parisienne « comme membre de la commission exécutive de propagande révolution-« naire pour la province (crime ou délit prévu par la loi pénale ordinaire) « ordonne qu'il soit informé contre le nommé Miégeville... »

Le fait ainsi spécifié « avoir été membre de la commission exécutive de « propagande révolutionnaire pour la province » constitue-t il une infraction à telle ou telle disposition de la loi pénale ? Évidemment non.

Le général n'a donc point la connaissance certaine qu'un crime ou un délit ait été commis et qu'il puisse être mis à la charge de Miégeville ; il se contente d'atteindre de l'instruction la découverte d'un fait constituant une infraction à la loi et qui sera, nous dit l'ordre d'informer, soit un crime, soit un délit prévu par la loi pénale ordinaire.

Le sens de l'ordre d'informer est donc celui-ci :

Il n'y a contre Miégeville l'indice d'aucun crime ou délit, mais il a été membre d'une commission exécutive de propagande révolutionnaire pour la province ; il est possible qu'en cette qualité, il ait enfreint la loi. Les poursuites feront connaître ce qu'il peut y avoir de fondé dans cette supposition, et révèleront peut-être un crime ou un délit pour lequel Miégeville pourra être traduit devant le conseil de guerre.

L'ordre d'informer est par conséquent nul pour défaut de motifs.

§

Plaçons maintenant en parallèle l'avis du rapporteur et les conclusions du commissaire du gouvernement.

Avis du rapporteur du 26 juillet 1872 demande la mise en jugement.

Tendant à la mise en jugement :

1° Pour avoir, en 1871, à Paris, commis un attentat dans le but d'exciter à la guerre civile, en armant et en portant les citoyens à s'armer les uns contre les autres ;

2° Pour avoir usurpé une fonction publique :

3° Et pour avoir, par des écrits, mis en vente ou distribué dans des lieux ou réunions publics, provoqué l'auteur ou les auteurs d'une action qualifiée crime ou délit à la commettre ;

Crimes et délits prévus par les art. 91 et 258 du code pénal et 1er de la loi du 17 mai 1819.

Conclusions du commissaire du gouvernement, du 27 juillet 1872.

Tendant à la mise en jugement.

1° Pour avoir, en 1871, à Paris, commis un attentat dans le but d'exciter, etc.... ;

2° Pour avoir entretenu des intelligences avec les directeurs ou commandants de bandes insurrectionnelles, et exercé l'emploi de membre de la commission exécutive de propagande révolutionnaire pour la province ;

3° Et pour avoir, par des écrits, mis en vente ou distribué dans des lieux, etc. ;

Crimes et délits prévus par les art. 91 et 96 du code pénal, et 1er de la loi du 17 mai 1819.

Ainsi, il a suffi au commissaire du gouvernement d'ouvrir le dossier ; le rapprochement des dates le prouve (le dossier lui est transmis le 26, il prend ses conclusions le 27), pour relever contre Miégeville l'accusation d'avoir exercé des intelligences avec des directeurs de bandes, quand le rapporteur, qui avait consacré deux mois à l'instruction, n'avait point découvert ce fait, et le commissaire du gouvernement n'hésite pas à demander, immédiatement, la mise en jugement, sous la prévention d'un crime, au sujet duquel les poursuites n'ont pas été ordonnées, et que l'instruction n'a point établi.

Qu'on ne dise pas qu'il y a là une manière différente d'envisager un fait donné au point de vue de sa qualification. Aucun rapport n'existe entre le délit d'usurpation de fonctions publiques et le crime d'intelligence avec des directeurs de bandes armées.

Or, c'est sur ce chef d'accusation, qui fait seulement apparition dans les conclusions du commissaire du gouvernement, que Miégeville a été condamné !

La violation formelle de l'art. 99, en ce qui touche ce crime envisagé seul, pourra-t-elle être déniée ?

Violation de l'art. 108 du Code militaire.

Le dispositif de l'ordre de mise en jugement n'énonce pas les éléments constitutifs du crime de l'art. 96.

En effet, les commandants des bandes armées et ceux, par conséquent, qui auront pratiqué des intelligences avec eux, ne peuvent être frappés des peines de l'article 96 précité, que lorsqu'ils ont eu le but criminel expressément déterminé par la loi, et qui constitue en quelque sorte toute la criminalité de l'action :

1º Soit d'envahir des domaines, propriétés ou deniers publics, places, villes, forteresses, magasins, arsenaux, ports, vaisseaux ou bâtiments appartenant à l'État ; 2º soit de piller des propriétés publiques ou celles d'une généralité de citoyens ; 3º soit de faire attaque ou résistance envers la force publique, agissant contre les auteurs des crimes énoncés dans les deux premières alternatives.

L'ordre de mise en jugement omet complétement d'indiquer le but criminel que se proposaient les chefs de bandes, avec lesquels Miégeville était accusé d'avoir pratiqué des intelligences.

Il omet encore un autre élément essentiel à l'existence du crime de l'article 96, le port d'armes, en remplaçant l'expression « bandes armées » par celle-ci qui n'est point équivalente : « bandes insurrectionnelles, » car on peut parfaitement comprendre l'existence de bandes insurrectionnelles non armées.

§

L'ordre de mise en jugement est incontestablement un acte substantiel, c'est l'acte le plus important de la procédure, car il est la base de l'accusation, et les questions doivent être posées par le président, conformément à son dispositif. Il doit essentiellement contenir la qualification du fait imputé. Sa précision intéresse d'autant plus l'accusé qu'il lui sert de guide pour sa défense en lui faisant connaître, par la notification de l'art. 109 du Code de justice militaire, les faits qui lui sont imputés.

L'art. 296 du Code d'instruction criminelle a fixé un délai de cinq jours pour se pourvoir en nullité contre les arrêts de mise en accusation, et parmi les trois cas qui, seuls, aux termes de l'art. 299 du même Code, peuvent donner ouverture à cette demande, figure celui où le fait n'est pas qualifié crime par la loi.

C'est là la consécration du principe que nul ne peut être accusé d'un fait qui n'est pas qualifié crime par la loi.

Ce principe est applicable aussi bien dans la procédure militaire que dans la procédure criminelle ordinaire.

L'ordre de mise en jugement n'est autre chose, en effet, qu'un arrêt de mise en accusation. Il n'y a que cette différence que la nullité, immédiatement opposable dans les affaires soumises au jury, ne pourra être opposée dans les affaires soumises aux conseils de guerre, qu'après le jugement de condamnation.

§

Mais la citation de la loi pénale n'a-t-elle pu suppléer aux omissions de l'ordre de mise en jugement ?

Ici, il faut distinguer entre les deux éléments constitutifs omis : le port d'armes et le but criminel.

Nous pourrions, en effet, concéder que la lecture de l'art. 96 pouvait suppléer à l'omission relative au premier élément, qui repose sur un point unique, et par conséquent déterminé par le texte même de la loi.

Mais en ce qui touche le second élément, c'est-à-dire le but criminel, attendu que la loi énumère une série de faits qui, indépendamment les uns des autres, peuvent le constituer, il était complétement impossible de connaître, en dehors d'une énonciation expresse, celui qui était applicable dans l'espèce.

§

Un arrêt de la Cour de cassation, du 23 janvier 1873, sur le pourvoi du garde des sceaux, dans l'intérêt de la loi et du condamné (*Gaz. des Tribunaux* du 24 janvier), détruit à l'avance une dernière objection qui se pourrait produire.

Un sieur Deroyer avait été condamné, par un Conseil de guerre de Versailles, à la déportation, comme « coupable d'avoir exercé un commandement dans des bandes armées, pour faire attaque ou résistance à la force publique agissant contre ces bandes. »

Le jugement ne précisait pas le but que se proposaient les auteurs du crime, en faveur desquels les bandes s'étaient organisées, et avaient résisté à la force publique.

Le Conseil de révision, sur le recours du condamné, pensant que la notoriété des faits relatifs à l'insurrection du 18 mars pouvait suppléer à l'omission de l'énonciation du but constitutif de la criminalité de l'art. 96, avait maintenu le jugement.

La Cour a déclaré que ni la notoriété des faits relatifs à l'insurrection ni toute autre énonciation ne précisant pas le but criminel des bandes, ne peut suppléer à l'absence de l'énonciation de ce but, et cassé le jugement du Conseil de guerre et la décision qui l'avait maintenu.

Violation de l'art. 109 du Code militaire

M. Miégeville a été condamné par contumace sur ordre de mise en jugement du 31 juillet 1872.

Le jugement par contumace et les procédures faites contre le condamné depuis l'ordonnance de prise de corps ont été anéanties de plein droit par suite de son arrestation, aux termes de l'art. 476 du Code d'instruction criminelle, applicable aux jugements par contumace rendus par les conseils de guerre, (Art. 178 du Code militaire.)

Donc l'ordre de mise en jugement du 31 juillet subsiste toujours; c'est lui qui va servir de base au débat contradictoire et qui doit être notifié à l'accusé.

Or, le commissaire du gouvernement notifie en sa place, et certifie copie conforme, un ordre de mise en jugement « fait au quartier général, à Versailles, le 7 février 1874, » et signé : « Pour le général commandant la division, le général délégué Appert. »

L'original de cette pièce, dont on a notifié une copie conforme à l'accusé, n'est pas au dossier; elle n'a peut-être jamais existé. Elle n'a pu, en tous cas, exister légalement aux termes des art. 178 du Code de justice militaire et 476 du Code d'instruction criminelle.

Ainsi, de deux choses l'une :

Ou la pièce notifiée est un acte imaginaire, radicalement nul;

Ou, si l'original a existé, elle est complétement illégale.

Enfin, l'ordre de convocation du Conseil, qui est au dossier, n'a pas été notifié à l'accusé; le procès-verbal de notification du 8 février 1874 ne mentionne que la notification d'un ordre de mise en jugement.

§

L'art. 109 du Code de justice militaire prescrit : « Trois jours avant la réunion du conseil de guerre, le commissaire du gouvernement notifie l'ordre de mise en jugement à l'accusé. »

D'autre part, l'art. 242 du Code d'instruction criminelle porte : « L'arrêt de renvoi et l'acte d'accusation seront signifiés à l'accusé, et il lui sera laissé copie du tout. »

Or, V. Foucher, dans ses commentaires, dit que « les dispositions de l'art. 109 sont empruntées aux art. 241, 242, 294 et 315 du Code d'instruction criminelle, dont les prescriptions sont mises en harmonie avec les exigences de la procédure devant les conseils de guerre. »

Il est clair dès lors que l'on est autorisé à rechercher dans la jurisprudence de la Cour de cassation sur l'art. 242, quels sont les effets de l'omission ou de la nullité de la notification de l'arrêt de renvoi et de l'acte d'accusation, pour faire application du principe établi par cette jurisprudence à l'omission ou à la nullité de l'ordre de mise en jugement.

§

La Cour de cassation a d'abord pensé qu'il n'y avait pas lieu de prononcer la cassation des arrêts des cours d'assises pour omission ou nullité de la notification de l'arrêt de renvoi et de l'acte d'accusation.

Les arrêts de la Cour de cassation établissant cette jurisprudence sont tous motivés sur ce que les dispositions de l'art. 242 du code d'instruction criminelle ne sont pas prescrites à peine de nullité.

Mais bientôt la Cour de cassation revint sur cette décision, et par de nombreux arrêts établit une jurisprudence contraire qui n'a plus jamais varié.

Un arrêt du 16 octobre 1845 (bull. de la Cour de cassation 326) reconnaît que les dispositions de l'art. 242 sont substantielles do l'exercice du droit de défense et que la notification de l'acte d'accusation et de l'arrêt de renvoi sont indispensables à l'exercice de ce droit.

Un autre arrêt du 12 février 1846 (bull. 46) déclare également : que la notification à l'accusé de l'arrêt de renvoi et de l'acte d'accusation est un acte substantiel de la procédure, que son omission ou sa nullité entraîne la nullité de tout ce qui a suivi, notamment des débats qui ont eu lieu et de la condamnation qui a suivi.

- Enfin, un arrêt du 16 mars 1848 (bull. 69) ajoute que la notification à l'accusé a pour objet de faire connaître à l'accusé les faits qui lui sont imputés, de lui fournir aussi les moyens de préparer sa défense et constitue ainsi un acte substantiel de la procédure, que son omission ou sa nullité entraîne dès lors la nullité de tout ce qui a été fait au préjudice de l'accusé et notamment des débats qui ont eu lieu et de la condamnation qui a suivi.

Arrêts conformes des 19 février 1857 (bull. 71), 13 janvier 1859 (bull. 17), 27 avril 1865 (bull. 98).

§

Le même principe doit-il être appliqué à l'omission ou à la nullité de la notification à l'accusé de l'ordre de mise en jugement prescrit par l'article 109 du Code de justice militaire? Evidemment, oui.

Peu importe de rechercher si les mots « à peine de nullité » écrits dans le dernier paragraphe de l'article 109 du Code militaire, se rapportent seulement à la prescription comprise dans le dernier paragraphe, relativement au choix du défenseur où doivent être appliqués aux prescriptions précédentes.

La Cour de cassation, et cela avec d'autant plus de fermeté qu'elle revenait sur une première jurisprudence, considérant que la notification de l'article 242 du Code d'instruction criminelle est un acte substantiel de la procédure, ne s'est plus préoccupé de l'absence des mots « à peine de nullité » dans ledit article.

Le Conseil de révision appliquera donc sans hésitation le même principe, en ce qui touche la notification de l'ordre de mise en jugement.

Violation de l'article 132 du Code militaire

4e ET 5e MOYEN DES CONCLUSIONS

I

Il résulte expressément des termes de l'art. 132 que le président doit poser les questions conformément au dispositif de l'ordre de mise en jugement. Il ne peut en conséquence interroger le conseil sur un crime qui n'est point porté audit ordre.

On voit cependant figurer dans le jugement, sous le numéro 3, la question suivante : « Le nommé Miégeville est-il coupable d'avoir, en 1871, à Paris, comme membre de la commission exécutive de propagande révolutionnaire de la province, exercé une fonction dans les bandes armées, etc. ? »

On trouve bien, dans l'ordre de mise en jugement, ces mots : « Et exercé l'emploi de membre de la commission exécutive de propagande révolutionnaire pour la province; » mais ils ne sont évidemment qu'une superfétation, car il n'est point dit que cet emploi ait été rempli dans les bandes armées, ce qui laisse ce fait sans portée légale. Cela est si vrai que cette question n'avait pas été posée dans le jugement par contumace, et que la phrase précitée avait été conservée dans la question d'intelligence avec les directeurs de bandes comme une énonciation sans valeur.

La violation de l'art. 132 est donc si flagrante qu'il est inutile d'insister sur les conséquences juridiques qu'elle doit entraîner.

II

L'ordre de mise en jugement omet (nous l'avons vu plus haut) deux éléments constitutifs du crime de l'art. 96 : le port d'armes et le but criminel poursuivi.

Cependant, la question posée par le président au Conseil porte que les bandes étaient armées et que leurs directeurs avaient pour but d'envahir des places et des postes appartenant à l'État, et de faire attaque ou résistance envers la force publique agissant contre les auteurs de ces crimes.

Le président ne pouvait, sans commettre un abus de pouvoir et sans violer l'art. 132, modifier ainsi l'accusation.

Le préjudice porté à l'accusé est certain ; il est considérable.

L'accusé n'a pu, en effet, s'expliquer sur une circonstance constitutive du crime qu'on lui imputait, qui n'a jamais été portée à sa connaissance, puisqu'elle n'a été déterminée que dans la question, et que des art. 131 et 132 du Code de justice militaire, il appert que les questions ne sont posées que dans la salle des délibérations.

Il n'a pu exercer, par conséquent, dans toute son étendue, son droit de défense.

OBSERVATIONS

Il nous reste à signaler un fait étrange d'une telle gravité que bien qu'il ne soit pas formulé comme un moyen d'annulation invoqué contre le jugement, il devrait à lui seul en déterminer l'annulation.

Le rapporteur a dans son avis relevé contre Miégeville le fait « d'avoir, par des écrits mis en vente ou distribués dans des lieux ou réunions publics, provoqué les auteurs d'une action qualifiée, crime ou délit à la commettre. Art. 1er de la loi du 17 mai 1819. »

Or, la disposition de l'art. 1er de la loi du 17 mai 1819 ne contient que la définition des éléments constitutifs d'une complicité nouvelle et spéciale à la provocation aux crimes et aux délits par la voie de la presse.

Celui qui, par tel et tel moyen, dit cet article, « aura provoqué l'auteur ou les auteurs d'une action qualifiée crime ou délit à la commettre sera réputé complice et puni comme tel. »

Par conséquent,

Le rapporteur demandait la mise en jugement pour complicité d'une action indéterminée, crime ou délit, ce qui équivaut à un non-sens, car la complicité ne saurait se comprendre sans l'existence d'un fait principal, et que la connaissance du fait principal doit précéder la connaissance de la complicité.

Suivons cette accusation jusqu'au dénouement de l'affaire.

Le commissaire du gouvernement la maintient dans ses conclusions.

Le général la maintient aussi dans son ordre de mise en jugement, sauf qu'il retranche le mot délit, sans qu'on puisse s'expliquer pourquoi, puisqu'on ignore de quelle action il s'agit, et qu'on ne peut, par conséquent, dire si c'est un crime ou un délit.

Le 4ᵉ conseil condamne par contumace, à l'unanimité, Miégeville comme coupable d'avoir, par les moyens énoncés plus haut, provoqué les auteurs d'une action qualifiée crime à la commettre, c'est-à-dire comme complice d'un crime inconnu !

Enfin, dans le jugement contradictoire dont l'annulation est aujourd'hui demandée, quatre voix ont encore répondu oui !

Il eût été curieux, si cette accusation avait seule été portée, de voir dans le jugement par contumace qui avait déclaré Miégeville coupable, quelle peine les juges auraient appliquée !

Eh bien ! quand une erreur aussi grave, aussi étrange que celle qui vient d'être signalée vicie tous les actes d'une procédure et le jugement ; quand, d'un autre côté, des moyens d'annulation d'une valeur juridique incontestable sont présentés, l'hésitation est-elle possible ?

Ce n'est point seulement l'intérêt de ce condamné, auquel toutes ces irrégularités, toutes ces violations de loi ont porté un préjudice considérable qui réclame l'annulation du jugement du 4ᵉ conseil de guerre, c'est encore incontestablement l'intérêt de l'ordre public.

F. CROCHARD,
Avocat à la Cour d'Appel.

Paris, 24 février 1874.

A Messieurs les Présidents et Juges composant le Conseil de révision dé Paris

CONCLUSIONS

POUR

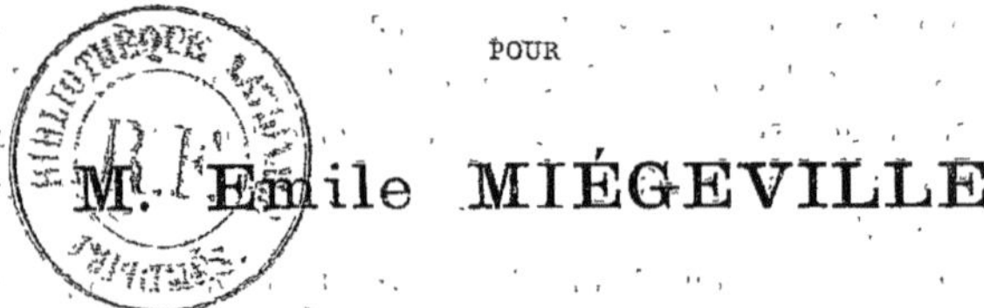

M. Emile MIÉGEVILLE

PLAISE AU CONSEIL :

Premier moyen

Attendu qu'en fait l'ordre d'informer décerné le 28 mai 1872 contre Miégeville, ne spécifie aucun crime et aucun délit qui puisse faire l'objet de l'instruction ; qu'il ne cite aucune disposition de la loi pénale dont l'infraction pourrait être reprochée à l'accusé ; que, d'ailleurs, les mots « crimes ou délits prévus par la loi pénale ordinaire, » indiquent expressément l'ignorance absolue de la part du général, d'une infraction de la loi reprochable à l'accusé ;

Attendu, en outre, qu'il ne serait pas possible, à l'aide de l'indication du fait « que le nommé Miégeville aurait pris part à l'insurrection parisienne comme « membre de la commission exécutive de propagande révolutionnaire » de suppléer à l'absence de la citation d'un article de la loi, dont les dispositions auraient été transgressées ; car non-seulement il est incontestable que le fait, tel qu'il est présenté, ne peut constituer ni crime ni délit, mais encore on ne saurait entrevoir une disposition pénale dans les prévisions de laquelle il pourrait rentrer;

Attendu que le sieur Miégeville a été condamné : « pour avoir exercé des « intelligences avec les directeurs ou commandants de bandes armées, pour « envahir des places ou des postes, etc., » que ce fait n'étant ni explicitement ni implicitement prévu et indiqué par l'ordre d'informer du 28 mai 1872, a été poursuivi sans que le général ait ordonné les poursuites.

Attendu en droit, qu'aux termes de l'art. 99 du Code de justice militaire, « la poursuite des crimes ou délits ne peut avoir lieu à peine de nullité que sur « un ordre d'informer donné par le général commandant la division; »

Attendu qu'il résulte expressément dudit article que pour que des poursuites puissent être exercées, il faut : 1° qu'un fait constituant un crime ou un délit à la charge d'un individu justiciable des conseils de guerre soit venu à la connaissance du général; 2° que le général, jugeant qu'il y a lieu de poursuivre, ordonne les poursuites;

Attendu, par conséquent, que l'ordre d'informer est nul pour défaut de motifs; que c'est à tort que des poursuites ont été exercées.

Subsidiairement, que le crime qui a motivé la condamnation a été poursuivi sans que le général ait ordonné les poursuites;

Deuxième moyen

Attendu que l'ordre de mise en jugement saisissait le conseil de trois chefs d'accusation, dont le second seul intéresse le présent recours, puisque seul il a été résolu affirmativement par le conseil;

Attendu que le second chef d'accusation relevait contre Miégeville la prévention « d'avoir entretenu des intelligences avec les directeurs ou commandants « des bandes insurrectionnelles, et exercé l'emploi de membre de la commission « exécutive de propagande révolutionnaire pour la province; »

Attendu que l'ordre de mise en jugement est muet sur l'un des éléments constitutifs du crime l'article 96; qu'il se tait sur le but criminel en vue duquel la bande aurait été organisée, et qui, aux termes de la loi qui l'a expressément déterminé, constitue en quelque sorte toute la criminalité de l'action.

Attendu, en droit, que l'ordre de mise en jugement est un acte substantiel de la procédure dont l'importance est considérable, Car, d'une part, il fait connaître à l'accusé, qui en reçoit notification aux termes de l'art. 109, les faits qui lui sont imputés, et lui donne les moyens de préparer sa défense, et, d'autre part, il détermine les questions sur lesquelles le conseil doit prononcer ;

Attendu qu'il doit faire connaître tous les éléments constitutifs du crime ou du délit sur lequel il ordonne la mise en jugement, et que nul ne peut être accusé d'un fait qui n'est pas qualifié crime par la loi ;

Attendu que, dans l'espèce, on ne saurait prétendre que la citation de la loi pénale a pu suppléer à l'omission de l'énonciation du fait constitutif du crime dont s'agit ; car l'art. 96 du Code pénal énumère trois alternatives de faits qui, indépendamment les uns des autres, constituent le but criminel qui, seul, rend les attentats, commis par les bandes armées, punissables ; d'où il résulte, qu'en dehors d'une énonciation expresse, l'accusé ne pouvait avoir connaissance du but criminel reproché aux directeurs des bandes avec lesquelles il était accusé d'avoir entretenu des intelligences, ni préparer sa défense pour répondre sur ce point à l'accusation ;

Attendu qu'il appert, de l'extrait de jugement par contumace, que la question relative aux intelligences avec les directeurs des bandes armées, et résolue affirmativement par le Conseil dans ce jugement, était conforme à l'ordre de mise en jugement, c'est-à-dire que l'élément constitutif du crime omis dans ledit ordre y était également omis ;

Attendu, dès lors, que l'ordre de mise en jugement est nul à raison des vices de sa rédaction, résultant de l'omission des énonciations qu'il devait nécessairement contenir.

Troisième moyen

Attendu que l'art. 109 prescrit : « Trois jours avant la réunion du Conseil de « guerre, le commissaire du gouvernement notifie l'ordre de mise en jugement « à l'accusé... » ;

Attendu, en droit, que la disposition dudit article est substantielle de l'exercice du droit de défense, et que la notification de l'ordre de mise en jugement est indispensable à l'exercice de ce droit ; que son omission ou sa nullité doit entraîner la nullité de tout ce qui a suivi, notamment des débats qui ont eu lieu et de la condamnation qui a suivi ;

Attendu, en fait, que l'ordre de mise en jugement du 31 juillet 1872, en vertu duquel Miégeville avait été condamné par contumace, n'a pas été notifié, mais qu'en sa place, le commissaire du gouvernement a notifié et certifié copie conforme un ordre de mise en jugement, « fait au quartier général à Versailles, le 7 février 1874, » et signé « pour le général commandant la division, le général délégué : APPERT » ;

Attendu, en droit, qu'aux termes de l'article 476 du Code d'instruction criminelle dont les dispositions sont applicables aux jugements par contumace rendus par les conseils de guerre (art. 178 du Code de justice militaire), le jugement rendu par contumace et les procédures faites contre le condamné depuis l'ordonnance de prise de corps ou de se présenter, sont anéantis de plein droit, par suite de son arrestation ou de sa présentation. Qu'il résulte de là, qu'en fait, l'ordre de mise en jugement du 31 juillet subsistait toujours et devait seul servir de base au débat contradictoire ;

Attendu qu'aucun autre ordre de mise en jugement, que celui du 31 juillet 1872, ne pouvait exister légalement aux termes des articles 476 du Code d'instruction criminelle, et 178 du Code de justice militaire précités ;

Attendu que l'acte qui a été notifié n'existe pas au dossier, qu'il n'a peut-être jamais existé ;

Attendu, dès lors, que non-seulement la notification prescrite par l'article 109 a été omise, mais qu'une notification illégale d'un acte imaginaire a été faite à l'accusé, et que cet acte notifié constitue une violation formelle des art. 177 et 476 du Code de justice militaire ;

Attendu, en outre, que l'ordre du général, du 7 février 1874, portant convocation du 4ᵉ conseil de guerre pour statuer en audience publique sur l'identité de l'accusé, pour statuer ensuite sur le fond, si l'identité n'était pas contestée, n'a pas davantage été notifié au sieur Miégeville.

Quatrième moyen

Attendu, en fait, que l'ordre de mise en jugement sous le numéro 2 relevait contre Miégeville la prévention « d'avoir entretenu des intelligences avec les

« directeurs ou commandants de bandes insurrectionnelles et exercé l'emplo
« de membre de la commission exécutive de propagande révolutionnaire pour
« la province. »

Attendu que ces derniers mots « et exercé l'emploi de membre de la Com-
« mission exécutive de propagande révolutionnaire pour la province » ne
peuvent être considérés que comme une superfétation dans l'énonciation du fait
incriminé, et ne pouvaient constituer à la charge du prévenu une seconde
accusation relative à un nouveau crime de l'article 96 ;

Attendu qu'il résulte de l'extrait du jugement par contumace, que Miégeville
n'a été condamné que pour avoir entretenu des intelligences avec les directeurs
de bandes armées, et que les mots « et avoir exercé l'emploi, etc. » n'ont été
maintenus dans la question que comme une superfétation sans valeur ni portée ;

Attendu, cependant, que M. le Président a interrogé le Conseil, dans la salle
des délibérations, sur deux crimes différents de l'article 96, et élevé ainsi
contre l'accusé l'accusation nouvelle et imprévue d'avoir, « comme membre de
« la commission exécutive de la propagande révolutionnaire de la province,
« exercé une fonction dans les bandes armées ; »

Attendu, en droit, qu'une pareille manière de procéder est arbitraire et
constitue une violation flagrante de l'article 132 du Code de justice militaire
ainsi conçu : « Les questions sont posées par le Président dans l'ordre suivant :
« 1° L'accusé est-il coupable du fait qui lui est imputé... »

Attendu que s'il est vrai, en fait, que cette nouvelle accusation a été résolue
négativement, elle n'en a pas moins aggravé la position de l'accusé et qu'elle a
pu avoir un effet funeste sur la solution de l'affaire ;

Cinquième moyen

Attendu, en fait, que M. le Président a compris, dans la question posée par
lui au Conseil, relativement aux intelligences avec les chefs de bandes et
résolue affirmativement un élément constitutif du crime que l'ordre de mise en
jugement n'énonçait pas ;

Qu'il a arbitrairement choisi dans les trois alternatives de faits qui, aux termes
de la loi, peuvent constituer le but criminel des bandes, deux de ces alternatives
pour compléter ainsi une accusation irrégulière ;

Attendu que, comme il a été expliqué plus haut, dans le second moyen, et pour les mêmes raisons, l'accusé ne pouvait, à l'aide de la citation de la loi pénale, suppléer à l'omission de l'énonciation du fait constitutif du crime qui lui était imputé ;

Attendu que si, devant les Cours d'assises, le président est tenu de lire, en séance, les questions qu'il pose au jury, il résulte des art. 134 et 132 du Code de justice militaire que la manière de procéder est différente devant les Conseils de guerre, et que les questions ne sont posées qu'après que les juges se sont rendus dans la chambre du Conseil, c'est-à-dire après la clôture des débats ;

Attendu que l'accusé n'a donc eu aucune occasion de connaître l'addition faite à l'ordre de mise en jugement et de présenter les observations que nécessitait cette modification de l'accusation ;

Attendu qu'il appert les termes de l'art. 132 précité, que le président doit poser les questions telles qu'elles résultent de l'ordre de mise en jugement ;

Attendu qu'il est démontré que le président ne s'est point conformé aux prescriptions dudit article, et qu'il a été porté ainsi une grave atteinte aux droits de la défense.

Par ces motifs et tous autres à déduire s'il y a lieu :

Statuant sur le premier moyen : Dire que c'est à tort que des poursuites ont été dirigées contre le sieur Miégeville pour le fait qui a motivé sa condamnation ;

Annuler, en conséquence, la procédure qui a été faite et le jugement qui en a été la suite ;

Et renvoyer le prévenu devant le général commandant la division, pour qu'il soit statué par lui comme il appartiendra.

Puis, statuant sur les trois autres moyens :

Annuler le jugement dont est recours,

Et renvoyer le prévenu, ensemble les pièces de la procédure, devant un autre Conseil, pour qu'il soit procédé à de nouveaux débats, à partir du premier acte nul.

Conformément aux art. 74, 167 et 170 du Code de justice militaire.

E. C. S. J.

E. MIÉGEVILLE.

Fait à Paris, le 24 février 187

Paris. — Imp. Moderne (Barthier, dr), rue J.-J. Rousseau, 61.